AF265630

ANGE CIPRIANI

NAPOLÉON
AU POINT DE VUE CORSE

——

Quand on parle de la Corse, il faut toujours citer Napoléon.

René BAZIN de l'Académie.

« Que de souvenirs la Corse m'a laissés !... Tout y est meilleur... J'aurais amélioré le sort de ma belle Corse, mais les revers sont venus et je n'ai pu mettre mes projets à exécution » (page 15).

NAPOLÉON Ier.

Le régime spécial de Napoléon est le plus grand bienfait de la Corse, le remplacer par des surcharges d'impôts est son plus grand malheur. (page 12).

——

Prix : 0,10

BASTIA
IMPRIMERIE C. PIAGGI

NAPOLÉON
AU POINT DE VUE CORSE

1851

ANGE CIPRIANI

NAPOLÉON
AU POINT DE VUE CORSE

Quand on parle de la Corse, il faut toujours citer Napoléon.

RENÉ BAZIN de l'*Académie*.

« Que de souvenirs la Corse m'a laissés !..., Tout y est meilleur... J'aurais amélioré le sort de ma belle Corse, mais les revers sont venus et je n'ai pu mettre mes projets à exécution » (page 15).

NAPOLÉON Ier.

Le régime spécial de Napoléon est le plus grand bienfait de la Corse, le remplacer par des surcharges d'impôts est son plus grand malheur. (page 12).

Prix : 0,10

BASTIA
IMPRIMERIE C. PIAGGI
1912

NAPOLÉON
AU POINT DE VUE CORSE

L'île, qui anima ses héros du feu sacré, doit donner aussi quelque flamme à leurs compatriotes. Cette flamme palpitera dans nos cœurs, en évoquant les souvenirs immortels du passé, et les espérances de l'avenir !

La Corse, située au milieu de la mer, privée des grands avantages du continent, trop faible pour avoir une forte armée, trop étendue pour défendre tous les points de ses côtes d'une invasion, abandonnée par l'égoïsme du monde, elle a toujours été la proie de ses voisins plus puissants.

Mais la Corse ne fut pas facile à prendre et à garder. Pour conquérir la petite île, les Romains, qui vainquirent facilement les autres peuples, y mirent plus de cent ans. A l'époque la plus tragique de son histoire, les Génois, ne pouvant la dompter par la corruption, l'assassinat, le poison, conçurent le projet abominable de brûler le pays et d'exterminer les habitants.

Mais rien ne put vaincre l'héroïsme corse, renaissant comme une plante naturelle et indéracinable.

Enfin, comble de joie et de fierté, les Génois furent expulsés ! Depuis treize ans, la Corse se gouvernait dans la paix, la gloire et le bonheur ! Tout à coup, il s'abattit sur elle un de ces malheurs qui déconcertent l'esprit humain !

Les Génois vendirent la Corse qui ne leur appartenait pas !

Et c'était le roi de la plus généreuse des nations qui concluait ce marché révoltant.

Que devait faire la petite et malheureuse Corse, devant une nation si puissante ?

Elle fit noblement appel aux sentiments de la France et de tous les peuples. Le monde l'admirait, mais aucun pays ne voulut risquer ses petits intérêts pour une grande cause. Alors, on vit un spectacle rare et sublime : un petit peuple, épuisé de ressources et de sang, mais non de courage, accepter la lutte, non pas contre trois, comme dans le combat célèbre d'Horace, mais contre cent, la France étant cent fois plus forte. — Il n'y manque qu'un Corneille pour chanter l'héroïsme corse.

Le peuple Corse, que l'historien Grégorovius appelle « le plus brave du monde », attaqua courageusement les envahisseurs. On vit des femmes, malgré la douceur de leur nature, s'habiller en homme et se jeter contre les ennemis.

Les premières armées envoyées furent vaincues, puis la Corse fut écrasée !

O miracle !

> Dans sa dernière convulsion,
> La Corse enfanta Napoléon !

Ce fut le 15 août 1769, aux chants de la messe, qu'il livra sa première bataille et qu'il gagna la victoire, en combattant tout seul pour venir au monde qu'il étonnera. Sa mère, surprise du mouvement inattendu de l'enfant, n'eut que le temps de rentrer de l'église et de le déposer sur le premier tapis.

Tout ce qui touche Napoléon étonne !

L'Eternel semble avoir dit : « Je donnerai à la terre son plus sublime génie ; je l'entourerai de mystères et de merveilles ; je le ferai naître dans une petite île pour la récompenser de vingt siècles de malheurs et d'héroïsme ! »

Grégorovius dit de la nature qui a formé le grand homme : « Une île dont la forte nature semble faite pour engendrer les héros ».

Dans sa poésie enthousiaste, l'Ajaccienne dit :

> Le jour de l'Assomption,
> Une autre fois Dieu se fit homme,
> Napoléon ! Napoléon !

L'enfant de la Corse se leva comme un brillant météore, — à 27 ans seulement, avec des soldats « mal nourris et presque nus », il tourne les Alpes, — il s'impose à la cruelle Gênes, — il traverse l'Italie avec la rapidité de l'aigle, — il défait les six armées supérieures qui voudraient arrêter sa marche héroïque, — il s'avance aux portes de Vienne comme un lion menaçant, — et il dicte la paix à la puissante Autriche !

Il part en Egypte, — il triomphe à la bataille des Pyramides, « du haut de ces monuments, quarante siècles contemplent », le plus grand des héros, — au Mont-Tabor, avec six mille soldats, il détruit une armée qui, suivant les habitants, était innombrable comme les étoiles du ciel, — à Aboukir, les Anglais débarquent une armée turque, il la jette à la mer qui l'a apportée, — transporté d'admiration, Kléber lui dit : « Général, vous êtes grand comme le monde ! »

Trop grand pour le pays des Pharaons, Napoléon revient en France, — il franchit les Alpes comme Annibal, — il bat l'ennemi et ressuscite l'Italie d'un sommeil de mille ans, — la Russie et l'Autriche prennent les armes, il marche sur Vienne et s'en empare, puis il court à Austerlitz, où le soleil apparaît comme pour saluer le vainqueur de deux empereurs, — la Russie et la Prusse recommencent la guerre, Napoléon les bat toutes les deux.

Je ne continue pas sur ce sujet, le guerrier est assez connu, je dirai seulement que, ayant vaincu des difficultés plus grandes qu'Alexandre et César, qui ne luttèrent que contre des ennemis sans organisation, Napoléon est le premier des guerriers.

Mais il y a quelque chose de plus grand encore que le premier des guerriers : c'est le Héros moral, la grandeur d'âme, le génie universel, le meilleur législateur de l'histoire, « le plus grand des hommes ». Corps sain et âme intègre, il reste intact au milieu du désordre et de la corruption comme au milieu de la peste d'Egypte. Génie organisateur, il met tout à sa place. Thiers a dit qu'il était « guerrier comme César, politique comme Auguste, vertueux comme Marc-Aurèle ». Arrivé au pouvoir, pour sauver la France de l'anarchie, il ne veut pas en être le maître absolu comme César et tous ceux qui y arrivent, et il consulte le peuple. A la place du désordre et de la concussion, il y met les principes éternels de tout bon gouvernement : le droit, l'ordre, l'honnêteté et la stabilité. Il rétablit la paix sociale, — il restaure la paix religieuse par le Concordat, déchiré par les barbares, — il crée une forte administration avec laquelle les imposteurs se donnent des airs de Napoléon, — il organise toute la France moderne, — il propose quatre fois la paix du monde, que les rois refusent, — et le Héros sans pareil « remplit dix ans de tels prodiges, dit le royaliste Chateaubriand, qu'on a peine à les comprendre ! »

Mais il est dans la nature humaine, qu'après les plus beaux triomphes et les plus grands bonheurs, il faut les larmes comme pour les purifier. Devant les rois coalisés, les événements et la trahison, le Héros tombe !

Bientôt, en face de Bastia, il quitte l'Ile d'Elbe, où se dirigent souvent nos regards pour y chercher son souvenir ou son ombre planant entre l'azur de la mer et du ciel. Sans verser une goutte de sang, il traverse la mer, la France et rentre à Paris dans le plus beau triomphe qu'on ait jamais vu !

Il demande encore la paix, et on lui fait la guerre. Le Héros frappe des coups extraordinaires, prouvant que sans la trahison, le trop grand nombre et les événements, il était invincible. Il bat l'armée prussienne, qui perd 25.000 hommes, l'armée anglaise est sur le point d'être anéantie, pendant que Grouchy laisse passer trente mille Prussiens, qu'il avait mission d'empêcher, le Héros la bat encore, il va être victorieux, lorsque le maudit Grouchy laisse encore passer une nouvelle armée prussienne et reste immobile. Le héros est écrasé à Waterloo...

Waterloo a été la plus grande catastrophe de l'humanité. Il est prouvé que le grand législateur qui avait pacifié et organisé la France à l'intérieur, voulait en faire autant pour le monde entier.

On envoie le martyr sous le climat meurtrier de Sainte-Hélène, « où on le voit du bout de la terre ». Puis, on l'assassine lentement.

La France pleure. Tous les poètes de la terre chantent sa gloire. Celui qu'on voulait faire passer pour un tyran, est considéré comme un libérateur. Même mort, Napoléon triomphe. C'est une résurrection.

L'ancien pamphlétaire Chateaubriant, vaincu par l'admiration universelle, dit : « Le riche et le pauvre, le républicain et le monarchiste, placent également les portraits de Napoléon à leurs foyers ; les anciens vaincus sont d'accord avec les anciens vainqueurs ; on ne peut faire un pas en Italie qu'on ne le trouve ; on ne peut faire un pas en Allemagne qu'on ne le rencontre... Le monde appartient à Bonaparte ».

Pour Henri Heine, lorsque Napoléon est tombé, « le peuple a perdu sa couronne ».

Avec une expression de vérité remarquable, le poète allemand Paten, s'écrie :

« *Je te glorifie, pasteur des peuples, qui n'eût jamais de pensée que* » *pour l'univers et non pour toi. — Oh ! qui avait aveuglé le monde, pour* » *qu'il comprît si mal ton cœur embrasé ? A la terre conquise, tu voulais* » *offrir le présent de la liberté. — Le poète te sacre ennemi des tyra·s...* » *toi qui anéantit ce qui menaçait l'Europe du vieil esclavage... Le mon-* » *de serait devenu libre par toi. — Le Grec et le Polonais soupirent après*

» toi ; l'Espagne pleure tout haut ; les Allemands appellent le retour des
» jours de Tilsitt. — Oh ! *exécrable renversement des choses ! Terre où
» est-il ton héros ?.. O roi de Rome, astre qui devait briller sur le monde
» libéré !* »

Devant l'explosion du sentiment universel, la France réclame les cendres du Héros, un gouvernement ennemi les demande, l'Angleterre les cède, on ouvre son cercueil, ce n'est pas des cendres : depuis vingt-sept ans, son corps est resté intact ! Tout dans Napoléon est supérieur et merveilleux !

Le poëte V. Hugo est chargé de chanter dignement le Héros :

> Paris sur ses cent tours allumera des phares,
> Paris fera parler toutes ses grandes voix ;
> Les cloches, les tambours, les clairons, les fanfares,
>   Chanteront à la fois !

> Sire, en ce moment-là, vous aurez pour royaume
> Tous les fronts, tous les cœurs qui battront sous le ciel ;
> Les nations feront asseoir votre fantôme
>   Au trône universel !

Une foule immense reçoit le corps du Héros, on pleure, on tombe à genoux, on est pénétré d'une vénération sacrée ! C'est la plus grande apothéose de l'histoire !

Qui aurait cru que la petite Corse écrasée aurait pu produire et lancer sur la scène du monde celui que Thiers a jugé le plus grand de tous les hommes ?

La Providence a de ces coups soudains qui confondent l'imagination humaine.

L'annexion de la Corse paraît avoir été faite pour permettre à Napoléon de naître français et de lui ouvrir la vaste carrière de la France, de la Révolution et du monde !

D'après tout ce qui précède, nous autres Corses, nous devons nous dire ceci :

Les Corses, toujours opprimés par les étrangers, n'ont pu se faire suffisamment connaître au monde ; nos héros, dignes de ceux de l'antiquité, sont presque tous tombés ignorés sous le poignard ou le poison des Génois ; pour nous, les lumières de la civilisation ne semblaient pas luire ! *NAPOLÉON SEUL nous a relevés et fait connaître à toute la terre !* Napoléon est donc notre Messie et notre plus grande gloire !

Honte à qui l'oublie !

Cette gloire et la politique nous ont valu un peu l'envie et la haine des coquins. Sur le continent, à une époque agitée, j'ai risqué plus d'une fois ma vie pour défendre la Corse et les Napoléons. Mais nous avons les sympathies des braves gens. Sur ce sujet, je citerai ces lignes de M. Edouard Hugues :

« Quand nous serons les maîtres, nous décernerons la croix à une île tout entière, à l'île glorieuse qui a donné à la France le plus merveilleux de ses soldats et le plus digne de ses chefs.

» Ajaccio devrait être pour nous une Mecque, où nous irions retremper nos énergies, relever nos courages, exalter nos orgueils, nous refaire des muscles d'hommes et du sang de braves.

» La Corse devrait abriter une école de nationalisme. L'immortel professeur est toujours là, derrière les volets clos de la maison blanche. Il est revenu de l'apothéose d'Austerlitz, du calvaire de Sainte-Hélène ; il a soulevé le majestueux porphyre de son tombeau aux Invalides, et c'est en la modeste demeure, où s'écoula son enfance inquiète et féconde, qu'il faut maintenant aller le chercher. »

Et nous, nous resterions froids à la gloire de Napoléon et de la Corse ?

Jamais !

Quoique Napoléon quittât la Corse à huit ans, qu'il fût élevé dans les idées françaises et que la Révolution attirât son cœur ardent, il était d'une nature si profonde, si fidèle, si corse, qu'il ne pouvait se détacher de l'amour et des malheurs de son pays natal.

Son maître d'histoire disait : « Il est Corse de nation et de caractère ». Un écrivain continental dit : « Bonaparte est un type corse accompli. » En effet, sauf le génie, physiquement et moralement, il ressemble complètement aux héros de l'histoire corse.

Les premières manifestations de ses sentiments furent pour la Corse ; à l'école, il la défendait avec énergie contre ses condisciples. Plus tard même, quand la France était maîtresse de son avenir, au risque de se faire passer pour antifrançais, il attaqua violemment un homme puissant qui avait favorisé l'annexion de la Corse à la France. Lieutenant en congé, il se compromis dans l'intérêt de la Corse : on lui ordonna de la quitter avant l'expiration de son congé, comme on aurait pu le révoquer. Dans son ardent patriotisme corse, il avait voué un culte passionné à Paoli, libérateur de la Corse. Il le défendait contre l'opinion de son propre père et au risque même de sa vie. Lorsque la Convention menaça la tête de Paoli, Bonaparte la défendit courageusement, sans penser à la sienne.

Bonaparte commença par écrire une histoire de la Corse. En l'adressant à Paoli, il s'exprimait en ces termes enflammés :

« Quand je vins au monde, la patrie expirait. Trente mille Français
» vomis sur nos côtes, le trône de la liberté noyé dans des flots de sang,
» tel fut l'hideux spectacle qui effraya mes premiers regards. Les cris
» des mourants, les soupirs des opprimés, les larmes du désespoir, en-
» tourèrent mon berceau ».

Napoléon est né deux mois après la paix ; mais il peint la guerre comme s'il l'avait vue ; il ne put en ressentir les effets que dans le sein de sa mère, qui y accompagnait son mari. Ce futur empereur des Français aurait pu être tué par des Français avant de naître.

Ce jeune homme, vivant avec les premiers de France, mais pauvre, inquiet de son avenir et dans le travail continuel de son vaste génie, ne pouvait s'empêcher de penser aux malheurs passés de son pays natal et « aux larmes » qui précédèrent « son berceau » !

C'est sublime !

Il est bien entendu qu'il ne s'agit ici que d'histoire : Napoléon, le sang versé ensemble, les joies et les douleurs partagées, la noblesse des sentiments français, nous ont fait faire un mariage de cœur avec la France.

Le sentiment dominant de la jeunesse de Napoléon, c'était l'amour de sa « belle Corse », qu'il faisait passer avant sa famille, son intérêt et sa vie.

Ces manifestations spontanées sont des documents précieux pour l'histoire morale de Napoléon : elles prouvent des sentiments d'une pureté et d'une intensité rares.

Malgré la sévérité nécessaire à son œuvre immense et à l'état de guerre, Napoléon avait un cœur sensible. En écrivant une lettre d'affection à son frère Joseph, il fut tellement ému qu'il ne put la continuer.

— Lorsqu'il devait se montrer rigoureux, sa mère, qui le connaissait mieux que personne, répétait : « L'Empereur a beau faire, il est bon ».

— Entre deux batailles, il adressait des lettres d'amour à sa femme.

— Après chaque bataille, sa première pensée était de regretter les morts et de s'intéresser aux blessés, comme aucun général ne l'a fait. — Il a dit que le « véritable homme ne hait point », et il a fait grâce jusqu'à ceux qui avaient attenté à sa vie ! — A Sainte-Hélène, lui, le plus intéressant des prisonniers, il prenait pitié d'un esclave nègre.

Il est impossible qu'un homme de si grands sentiments ait oublié son pays natal.

Cependant, soit ignorance, regrets, politique, ou pour faire excuser sa propre infidélité, on a répété que les Napoléons n'ont rien fait pour la Corse.

D'abord, qu'a fait Homère pour la Grèce ? Ce n'était, dit-on, qu'un poète aveugle, mendiant son pain en chantant ses pompeuses poésies, mais la Grèce est fière d'avoir produit le plus grand poète, et sept villes se disputent l'honneur de lui avoir donné le jour.

La Corse n'a pas besoin de disputer la plus grande gloire du monde. Cependant les Allemands mêmes, à l'aide de mots vaguement semblables, tentent de prouver que les anciennes familles corses Ramolino et Bonaparte sont d'origine allemande !

Ensuite, il faut bien savoir que, à l'arrivée de Napoléon au pouvoir, la Corse, *assimilée* une première fois à la France, était en révolte contre des impôts accablants qu'on renouvelle aujourd'hui avec plus de cruauté. Alors, Napoléon la sauva : *le régime spécial, conforme à sa nature et à sa position d'île, qui est son meilleur droit et son plus grand bienfait, est l'ŒUVRE DE NAPOLÉON !*

Dans so nattachement à son île et dans son génie législatif, Napoléon comprit le premier que la Corse est, disait-il, « *dans une position particulière, étant séparée par la mer, ayant des mœurs différentes* », et que, par conséquent, elle a besoin d'un régime « particulier ». C'est Napoléon *seul* qui, au début de son pouvoir, confia une mission à Miot qui n'agit que par son ordre. Avant de le faire partir, il lui écrivit ceci : « Votre premier soin sera... de *proclamer la mise hors la constitution de la Corse* ».

Voilà l'origine *et le véritable auteur des Arrêtés Miot*, base de notre régime spécial.

Mais parce que ces arrêtés ont été signés par son représentant, on a pris, comme d'habitude, l'apparence pour la réalité. Nous citerons un fait étonnant : à Bastia, bonapartiste, on a donné le nom de Miot à une rue plus en vue que celle qui porte le nom de Napoléon ! De plus Miot est un renégat : comblé de bienfaits par Napoléon et courtisan du roi Joseph, selon l'expression du Prince Napoléon, il a « mordu la main qui l'a nourri » (Napoléon et ses détracteurs, p. 193). Son nom ne doit plus salir une de nos rues !

Revenant toujours à la charge, comme dans ses batailles, même dix ans plus tard, Napoléon disait à ses ministres : « Les droits réunis seront supprimés (ce service coûteux et ennuyeux fut remplacé par treate mille francs)... Il faut donner à la Corse tous les privilèges de douanes possibles... Suppression ou diminution des impôts les plus incommodes du pays... La somme que rapporterait la Corse serait affectée à ses dépenses ». — On fait tout le contraire aujourd'hui.

Même en préparant la dernière guerre, vingt-huit jours avant la défaite, Napoléon s'occupa encore « de ne pas laisser tomber les exportations de la Corse » !

De ce que nous venons de dire, il faut en tirer les conclusions suivantes : 1° il était impossible à Napoléon d'avoir plus de dévouement pour son pays natal ; 2° le régime spécial de Napoléon est indispensable à une île, qui malgré cela est tombée dans une grave crise ; 3° au lieu d'améliorer ce régime, on l'empire par les impôts écrasants d'une seconde assimilation, après l'échec de la première.

C'est criminel et insensé d'assimiler un pays montagneux et au milieu de la mer aux riches départements qui jouissent de tous les avantages du continent. C'est pour satisfaire les « appétits » républicains et remplir « l'abîme » d'un budget (général et annexe) de 5 milliards !

Il faut que le public se rende bien compte de la triste situation qui nous est faite. Que peuvent les travaux de l'avenir si, écrasés d'impôts, nous ne pouvons pas en profiter ? Les impôts d'hier et de demain, on devra les payer ou mourir de faim : malgré mes efforts, on a élevé les tarifs sur les objets de première nécessité : farine, riz, sucre, café, sel etc !

Le café, par exemple, paye un tarif de 68 francs les cent kilos ; la nouvelle loi le porterait à 90 francs environ ; et la Commission, qui devait « relever » la Corse, propose, dans dix ans, de « relever » le café à « l'assimilation complète », à 136 francs ! La riche Algérie ne paie pour le café qu'un tarif de 61 francs ! De plus, elle a l'assimilation sans impôts ! Ce n'est pas en la surchargeant que l'Italie a « relevé » la Sardaigne, tombée aussi dans une crise d'île.

Le régime spécial du grand homme avait rétabli, depuis un siècle, un juste équilibre entre les désavantages d'une île et tous les avantages du continent : les mains criminelles qui le déchirent par morceaux précipitent la Corse dans la ruine.

Nous ne pouvons citer tous les articles de notre tarif spécial ; mais seulement sur les tabacs, les alcools et les denrées coloniales, la Corse y gagnait trois millions.

En tout, on peut estimer que Napoléon nous a fait bénéficier d'environ un milliard.

Mais sans cela la Corse aurait été écrasée, comme elle le sera par les impôts nouveaux.

Dans l'assimilation des impôts d'hier et de demain, d'un côté, selon le député Pierangeli même, LA CORSE GAGNE « QUELQUE CENTAINES DE FRANCS SEULEMENT », et de l'autre côté, ELLE PERD DEUX MILLIONS !

L'assimilation est donc une dérision, un mensonge, une iniquité !

Au nom des principes de l'Esprit des lois, du génie législatif de Napoléon, de tous les régimes qui l'ont approuvé et de la Corse malheureuse, nous flétrissons cette œuvre inhumaine, qui ramènera la Corse, comme avant le régime spécial, à se révolter contre d'injustes impôts.

Nous ajouterons qu'il ne faudrait pas croire que Napoléon était le maître absolu : il n'était que l'élu du peuple et le chef d'un gouvernement régulier et non un tyran. S'il avait obtenu des mesures injustes, à sa chûte, la Corse l'aurait payé cher, car il y aurait eu une réaction politique contre elle ; tandis qu'en la favorisant conformément à sa position, des gouvernements ennemis ont dû respecter son œuvre. Si aujourd'hui, on y a porté une main coupable, c'est parce que la politique actuelle a pour principes de ne rien respecter, de tout détruire et de tout piller.

Mais si le Héros n'a pu tout faire admettre, il a fait tout ce qu'il a pu et a fondé le régime spécial de la Corse dont on ne peut logiquement et humainement s'écarter.

Le régime spécial de Napoléon a aidé la Corse à vivre depuis plus de cent ans, Napoléon III nous a fait connaître l'aisance, la République nous donne la haine, la misère et les impôts écrasants.

Dire que les Napoléons n'ont rien fait pour la Corse est donc une absurdité, un mensonge, une impossibilité : mais la vérité est difficile à connaître à notre époque de confusion et d'immoralité.

Nous constatons avec plaisir qu'à part quelques hommes, qui se sont avilis d'insulter au malheur, tous les partis se sont montrés généreux pour la Corse.

Si l'île a attiré l'intérêt général, si la politique a cherché à la gagner, nous le devons encore à la gloire immortelle que Napoléon fait briller sur la Corse.

Enfin, soyons Corses, mettons l'honneur et le devoir au-dessus de l'intérêt personnel, n'accusons pas notre Héros de ne pas avoir fait plus qu'il ne pouvait, lui plus victime que nous, puisqu'il fut continuellement obligé de faire la guerre pour défendre sa vie et sa patrie et de mourir en exil !

La Corse et Napoléon sont de la même nature. Je parle avec mon cœur au nom de la Corse, je vais faire parler Napoléon lui même :

« Aux temps du Consulat et de l'Empire, *mes braves Corses* n'étaient

» pas contents de moi. Ils me reprochaient d'avoir négligé mon pays.
» *J'étais entouré d'ennemis et surtout de jaloux.* On considérait toute
» faveur accordée aux Corses comme un vol au préjudice des Français.
» *La conduite que m'imposa alors la politique a éloigné de moi mes com-*
» patriotes et les a refroidis à mon égard. Je le regrette, mais *je ne pou-*
» *vais agir autrement.* Lorsque les Corses me virent malheureux, mal-
» traités par tant de Français ingrats, en butte aux attaques de l'Euro-
» pe coalisée, ils oublièrent tous mes torts, car ils conservent encore in-
« tactes leurs mâles vertus : si j'y avais consenti, ils se seraient sacrifiés
» pour moi... Que de souvenirs la Corse m'a laissés ! Je songe toujours
» avec délices à ses beaux sites ; il me semble respirer encore son air
» embaumé... *Tout y est meilleur...* Il n'est pas jusqu'à l'odeur du sol
» même : elle m'eût suffi pour la deviner les yeux fermés ; je ne l'ai re-
» trouvée *nulle part.* Je m'y revois dans mes premières amours ; je
» m'y retrouve dans ma jeunesse, au milieu des précipices, franchis-
» sant les sommets élevés, les gorges étroites, les vallées profondes, re-
» cevant les honneurs et les plaisirs de l'hospitalité.

« J'aurais amélioré le sort de ma belle Corse, j'aurais fait le bonheur
» de mes compatriotes ; mais les revers sont venus, et je n'ai pu mettre
» mes projets à exécution ».

Quelles loyales, touchantes et généreuses paroles !

Il est bien prouvé que Napoléon ne cessa jamais d'avoir pour son île
les sentiments les plus profonds et les plus enthousiastes. Cela fait à la
fois honneur à Napoléon et à la Corse. Malgré tout, il « songe toujours
avec délices, aux beaux sites de sa belle Corse », il lui « semble respirer
encore son air embaumé, les yeux fermés, il devinerait l'odeur du sol
même » et il trouve que « tout y est meilleur ».

C'est surtout lui qui réunit, au suprême degré, tout ce qu'il y a de
meilleur.

Après avoir immortalisé la Corse par sa gloire, Napoléon l'immorta-
lise encore davantage par son estime, son admiration et son affection
inaltérables !

Corses trompés, vous savez maintenant que, au milieu de son éclat
de la guerre, de ses affaires écrasantes, de son exil et de sa maladie, Napoléon n'a jamais oublié la Corse. Nous devons tous lui garder la plus
belle place dans notre cœur !

Par honnêteté civique et par fierté corse, nous devons être bonapartistes. Les Corses le sont en effet, mais les chefs, corrompus par la République, les trompent. Que toutes les localités prennent exemple sur
Bastia, qui n'a pas suivi les chefs qui sont passés à l'ennemi.

Fils de nos œuvres, nous ne devons rien à personne, ce n'est que notre conscience qui nous dicte notre opinion et nous montre le salut dans les Napoléons.

La Troisième République a le même parlementarisme que la Royauté venue « dans les fourgons de l'étranger » ; elle a aussi la même origine prussienne, car selon l'expression vengeresse du patriote républicain Déroulède, ce sont les antimilitaristes de 1870 « qui ont tout livré » !

Un honnête homme ne peut accepter cette République chargée de crimes et de honte !

L'honneur corse nous commande d'être bonapartistes, comme la conscience nous défend d'être républicains à la manière de ceux d'aujourd'hui.

Si le régime napoléonien est supérieur aux autres, c'est parce qu'il a été fondé par le plus grand des cœurs et des génies.

Il faudra revenir aux grands principes napoléoniens, ou mourir dans « l'anarchie générale », reconnue par les honnêtes gens de tous les partis, sauf par ceux qui vivent des malheurs de la France !

Lorsque d'autres élèvent Napoléon au rang d'un « demi-dieu », est-ce à nous à renier notre propre Héros ? Non, il est naturel que nous le placions encore plus haut.

Corses ! nous conserverons éternellement notre sainte admiration pour le plus grand des Corses, des Français et de tous les hommes !

Toujours, un Français digne de ce nom
Criera bien haut : VIVE NAPOLÉON !